사회탐구 그림책 2
내 이름은 난민이 아니야

펴낸날 초판 1쇄 2018년 4월 30일 | 초판 4쇄 2023년 1월 20일
지은이 케이트 밀너 | 옮긴이 마술연필 | 펴낸이 신형건 | 펴낸곳 (주)푸른책들·임프린트 보물창고 | 등록 제321-2008-00155호
주소 서울특별시 서초구 양재천로7길 16 푸르니빌딩 (우)06754 | 전화 02-581-0334~5 | 팩스 02-582-0648
이메일 prooni@prooni.com | 홈페이지 www.prooni.com | 인스타그램 @proonibook | 블로그 blog.naver.com/proonibook
ISBN 978-89-6170-658-2 77840

MY NAME IS NOT REFUGEE
Text & Illustrations Copyright © 2017 by Kate Milner
All rights reserved.
Korean translation copyright © 2018 by Prooni Books, Inc.
Korean translation rights arranged with BARRINGTON STOKE through EYA(Eric Yang Agency).

이 책의 한국어판 저작권은 EYA(Eric Yang Agency)를 통한 BARRINGTON STOKE 사와의 독점계약으로 (주)푸른책들이 소유합니다.
저작권법에 의하여 한국 내에서 보호를 받는 저작물이므로 무단전재 및 복제를 금합니다.

＊잘못된 책은 구입한 곳에서 바꾸어 드립니다.
＊이 책 내용의 일부 또는 전부를 재사용하려면 반드시 저작권자와 (주)푸른책들 양측의 서면 동의를 얻어야 합니다.

＊이 도서의 국립중앙도서관 출판시도서목록(CIP)은 서지정보유통지원시스템 홈페이지(http://seoji.nl.go.kr)와
국가자료공동목록시스템(http://www.nl.go.kr/kolisnet)에서 이용하실 수 있습니다. (CIP제어번호:CIP2018007923)

＊보물창고는 (주)푸른책들의 유아·어린이·청소년 도서 전문 임프린트입니다.

 (주)푸른책들은 도서 판매 수익금의 일부를 초록우산 어린이재단에 기부하여
어린이들을 위한 사랑 나눔에 동참합니다.

내 이름은 난민이 아니야

케이트 밀너 글·그림 | 마술연필 옮김

보물창고

어느 날 갑자기, 엄마가 말했어.
"애야, 우리는 여기를 떠나야 한단다. 우리 마을은 너무 위험해."

아, 이제 우리는 어떻게 되는 걸까?

우리는 친구들과 친척들에게 작별 인사를 했어.
엄마가 내게 말했지.
"어서 네 가방을 싸야 해. 하지만 명심하렴.
꼭 필요한 것만 가져갈 수 있단다."

너라면 무엇을
가져가겠니?

우리가 살던 동네와도 작별 인사를 했어.
좀 슬프기도 했지만 또 왠지 마음이 들뜨기도 했지.

그런데 말이야, 수도꼭지에서 물 한 방울도 안 나오고, 아무도 쓰레기를 치워 주지 않는 곳에서 산다면, 넌 어떨 것 같니?

우리는 터벅터벅 걷고, 흔들흔들 몸을 흔들고, 스케이트보드도 타고

또 후다닥 뛰다가 걷고, 걷고 또 걸었어.

그러다가 멈춰서 기다리고, 기다리고 또 기다렸어.

  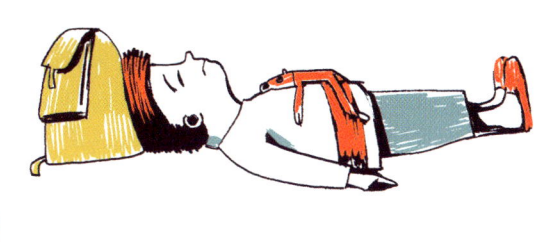

 지쳐서 누웠다가 벌떡 일어나서 걷고, 걷고 또 걷고……

너라면 얼마나 오래 걸을 수 있겠니?

때때로 우린 우리끼리만 따로 있어야 했어.
그건 좀 싫증나는 일이지.

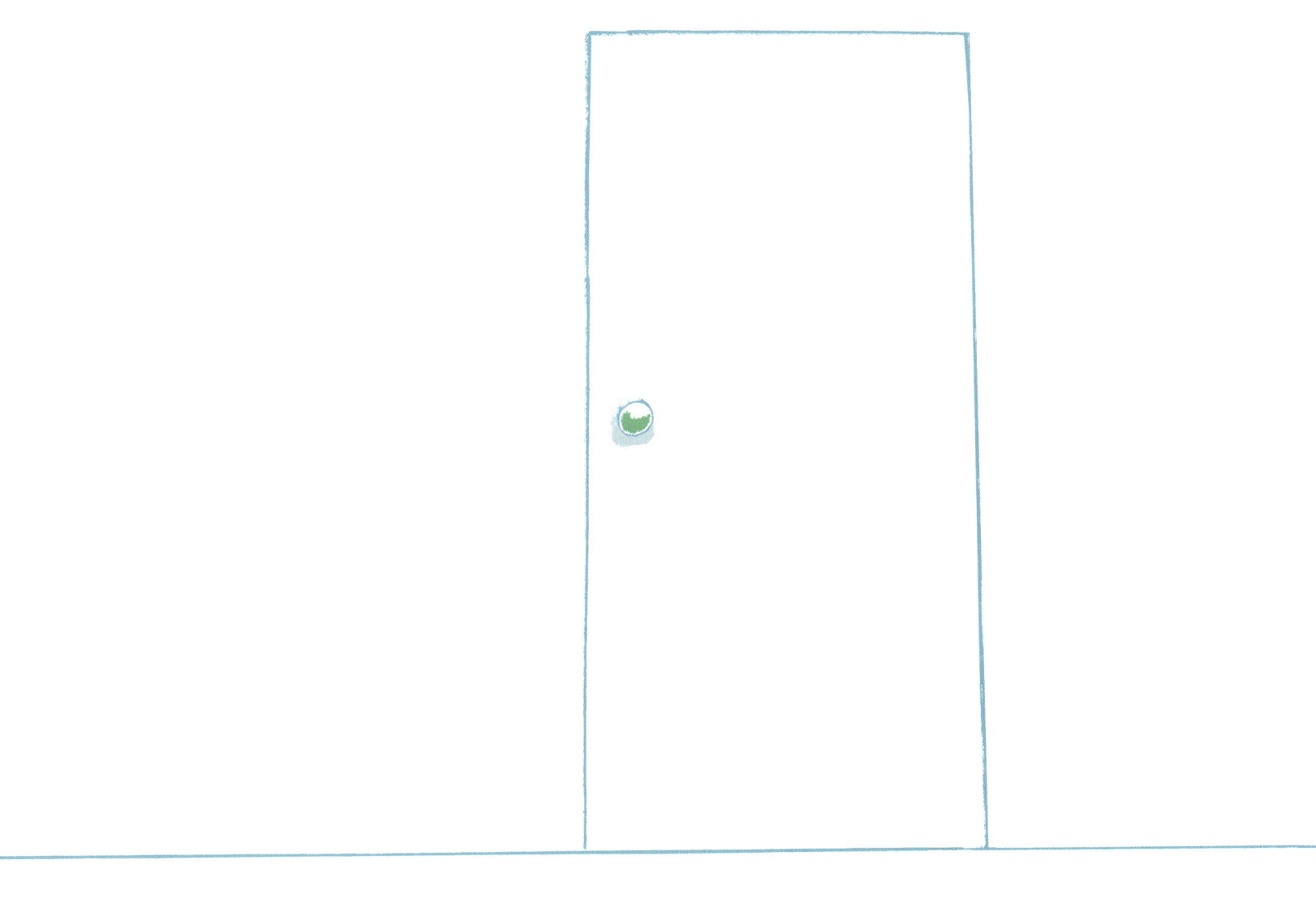

생각해 봐, 이럴 땐
뭘 하고 놀면 좋겠니?

때때로 우린 와글거리는 사람들 속에 섞여 있어야 했어.

넌 많은 사람들 틈에 있을 때, 부모님 손을 항상 꼭 잡고 있니?

우리는 처음 보는 것들도 자주 만났는데, 새롭고 신기했어.

너는 자동차나 트럭에 관심이 많니?

우리는 낯설고 불편한 장소에서 잠을 자야만 했어.

이런 데서 이를 닦거나
속옷을 갈아입으려면
어떻게 하는 게 좋겠니?

때때로 우리가 알아듣지 못하는 딴 나라 말이 들려왔어.

넌 외국어를 한 가지라도
할 줄 아니?

생전 처음 보는 음식도 먹어야 했어.

네가 먹어 본 음식들 중에서
가장 이상했던 게 뭐니?

안전하게 살 수 있는 곳을 찾으면, 그때는
우리도 짐을 풀게 되겠지.

너는 예전에 살던 집이
그리웠던 적이
있니?

그러면 그곳에서, 전혀 못 알아듣던 말들도
차츰 배우게 될 거야.

사람들은 우리를 '난민'이라고 불러.
하지만 너만이라도 안 그랬으면 좋겠어.
우리 이름은 '난민'이 아니야.

● 함께 생각해 보아요

'난민'이라는 세상에서 가장 슬픈 이름

집을 버리고 떠나야 하는 사람들

어느 날 갑자기 친한 친구들과 헤어져 영영 볼 수 없게 된다면 얼마나 슬플까요? 여기 이 그림책의 주인공은 엄마 손에 이끌려 갑작스럽게 정든 집과 친구들을 떠나야 했습니다. 게다가 먼 길을 걷고 또 걷고, 낯선 곳에서 낯선 사람들 틈에 끼어 잠을 자고, 처음 보는 음식을 먹어야만 했지요. 그런데 세상에는 이처럼 힘겨운 생활을 하고 있는 아이들이 정말 많답니다. 심지어 부모님도 없이 혼자 배를 타고 다른 나라로 떠나는 아이들도 있다는 사실, 여러분은 알고 있나요?

시리아 난민들의 비극

2015년, 전 세계를 충격에 빠뜨린 사진 한 장이 있습니다. 세 살배기 아이 '아일란 쿠르디'가 싸늘한 시체로 터키 해변에 떠밀려 온 사진이었지요. 이 시리아 소년은 가족들과 함께 배를 타고 그리스로 가는 중이었습니다. 고무보트엔 정원의 두 배가 넘는 사람들이 타고 있었는데, 파도가 거세지자 배가 뒤집히면서 쿠르디뿐만 아니라 엄마와 형까지 모두 죽고 말았습니다. 쿠르디 가족은 전쟁을 피해 고향 시리아를 떠나 터키로 건너갔지만, 힘든 생활을 견디다 못해 다시 길을 떠난 참이었지요. 이들의 최종 목적지는 그리스가 아니라 독일이었습니다. 유럽에 가면 더 나은 생활을 할 수 있을 거라는 기대로 시작된 위험천만한 여정은 안타까운 비극으로 끝나 버렸지요. 이 사건은 그동안 외면당하고 있던 난민 문제의 심각성을 전 세계 사람들에게 알렸습니다.

세계적으로 하루 평균 2만 명의 난민 발생

'난민'이란 전쟁과 재난 등으로 인해 다른 지방이나 외국으로 떠나는 사람들을 가리키는 말입니다. 시리아는 2011년부터 시작된 내전으로 33만 명이 넘게 사망했고, 무려 인구의 절반인 1000만 명이 자신들이 살던 땅을 버리고 난민이 되었습니다. 한편, 미얀마에서는 인종·종교 간의 오랜 갈등으로 소수 민족인 로힝

야 족이 학살당한 '인종 청소'가 일어나면서 수십만 명의 난민이 발생했지요. 최근 커다란 논란이 되었던 이 두 나라 외에도, 지독한 가난과 거듭되는 내전에 시달리는 아프리카의 수단·콩고·소말리아, 30년이 넘도록 전쟁이 계속되고 있는 아프가니스탄 등 지금 이 순간에도 세계 곳곳에서 수많은 난민이 생겨나고 있습니다. 무려 하루 평균 2만 명이나 되는 사람들이 정든 집을 떠나 피난길에 오르고 있지요. 게다가 이중 절반 정도는 어린이와 청소년이며, 많은 아이들이 부모 없이 혼자서 멀고도 험난한 길을 떠나고 있습니다.

먼 나라, 딴 세상의 이야기일까?

우리는 여전히 난민 문제를 먼 나라 이야기라고만 생각하고 있습니다. 사실 우리나라도 6·25전쟁 당시 많은 피난민들이 극심한 고통을 받았으며, 다른 나라의 도움을 받아 어려움을 극복해 낸 경험이 있는데도 말이에요. 1951년 국제연합(UN)에 모인 여러 나라들이 난민을 보호하고 돕기로 서로 약속했고, 1993년부터는 우리나라도 여기에 동참하고 있지요. 그러나 지난해 시리아에서 1000명 정도의 난민이 왔는데, 그 중 단 4명만이 우리나라에서 살 수 있게 되었어요. 그 과정에서 28명의 난민들이 반년 동안이나 공항에 갇혀 있었던 사실이 뒤늦게 알려지기도 했습니다. 지금도 난민들이 머무는 방은 창문도 없는 데다가, 30명이 들어가야 할 공간에 100명이 넘는 사람들이 생활하며, 하루 세끼 모두 질 낮은 햄버거로 때우고 있다고 해요.

세계 시민으로 함께 살아갈 우리들

이제 난민은 우리와 상관없는 딴 세상의 이야기가 아닙니다. '지구촌'이라는 말이 있듯이 이제 우리의 일생생활은 세계에서 일어나는 모든 일들과 밀접한 관계를 맺고 있으니까요. 세계 시민으로 살아갈 어린이 여러분들이 이 책을 통해 지금도 세계 곳곳에서 어렵게 살아가고 있는 난민들의 아픔을 잘 이해할 수 있게 되길 바랍니다.

— 옮긴이 마술연필

사회탐구 그림책은 세상 모든 이야기에 귀 기울입니다. 넓은 시각으로 지구 곳곳에서 일어나는 사회 현상들을 탐구하다 보면, 저절로 사회 과목에 대한 흥미와 자신감을 갖게 된답니다.

❶ **세계 국기 국가 사전** 학교도서관사서협의회 추천도서
❷ **내 이름은 난민이 아니야** 국가인권위원회 인권도서관 선정도서, 어린이도서연구회 추천도서
❸ **초특급 비밀 프로젝트** 아침독서 추천도서, 국가인권위원회 인권도서관 선정도서
❹ **전쟁에 끌려간 어린이 병사** 서울특별시교육청 어린이도서관 권장도서, 아침독서 추천도서
❺ **외국에서 온 새 친구** 학교도서관사서협의회 추천도서
❻ **회색 도시를 바꾼 예술가들** 학교도서관저널 선정도서, 한우리독서토론논술 필독도서
❼ **자유 자유 자유** 뉴베리 상 수상작, 아침독서 추천도서, 학교도서관저널 추천도서
❽ **히잡을 처음 쓰는 날** 아침독서 추천도서, 학교도서관사서협의회 추천도서
❾ **나의 젠더 정체성은 무엇일까?** 학교도서관사서협의회 추천도서, 북리스트 추천도서
❿ **밖에서, 안에서** 시카고 공립도서관 올해 최고의 책, 북리스트 추천도서
⓫ **바로 이 나무** 학교도서관저널 추천도서, 커커스 리뷰 추천도서

케이트 밀너
세계 일류 예술대학인 런던 센트럴 세인트 마틴을 졸업한 뒤 앵글리아 러스킨 대학에서 어린이 책 일러스트레이션으로 석사 학위를 받았다. 그의 작품은 여러 잡지를 통해 널리 알려졌으며, 런던의 갤러리들과 노르웨이 미술관 등에 전시되기도 했다. 2016년에 출간한 그림책 『내 이름은 난민이 아니야』는 영국 왕립 빅토리아 앨버트 미술관이 주관하는 '빅토리아 앨버트 일러스트레이션 상'을 수상했다.

마술연필
어린이와 청소년을 위해 유익하고 감동적인 글을 쓰고 책을 펴내는 아동청소년문학 기획팀이다. 호기심과 상상력이 풍부한 아동청소년문학 작가·번역가·편집자가 한데 모여, 지혜와 지식이 가득한 보물창고를 만들기 위해 애쓰고 있다. 지은 책으로 『루이 브라이, 손끝으로 세상을 읽다』, 『우리 조상들은 얼마나 책을 좋아했을까?』, 엮은 책으로 『자연에서 만난 시와 백과사전』, 『1학년 이솝우화』, 옮긴 책으로 『재미있는 내 얼굴』, 『화가 날 땐 어떡하지?』, 『마음에 상처 주는 말』 등이 있다.

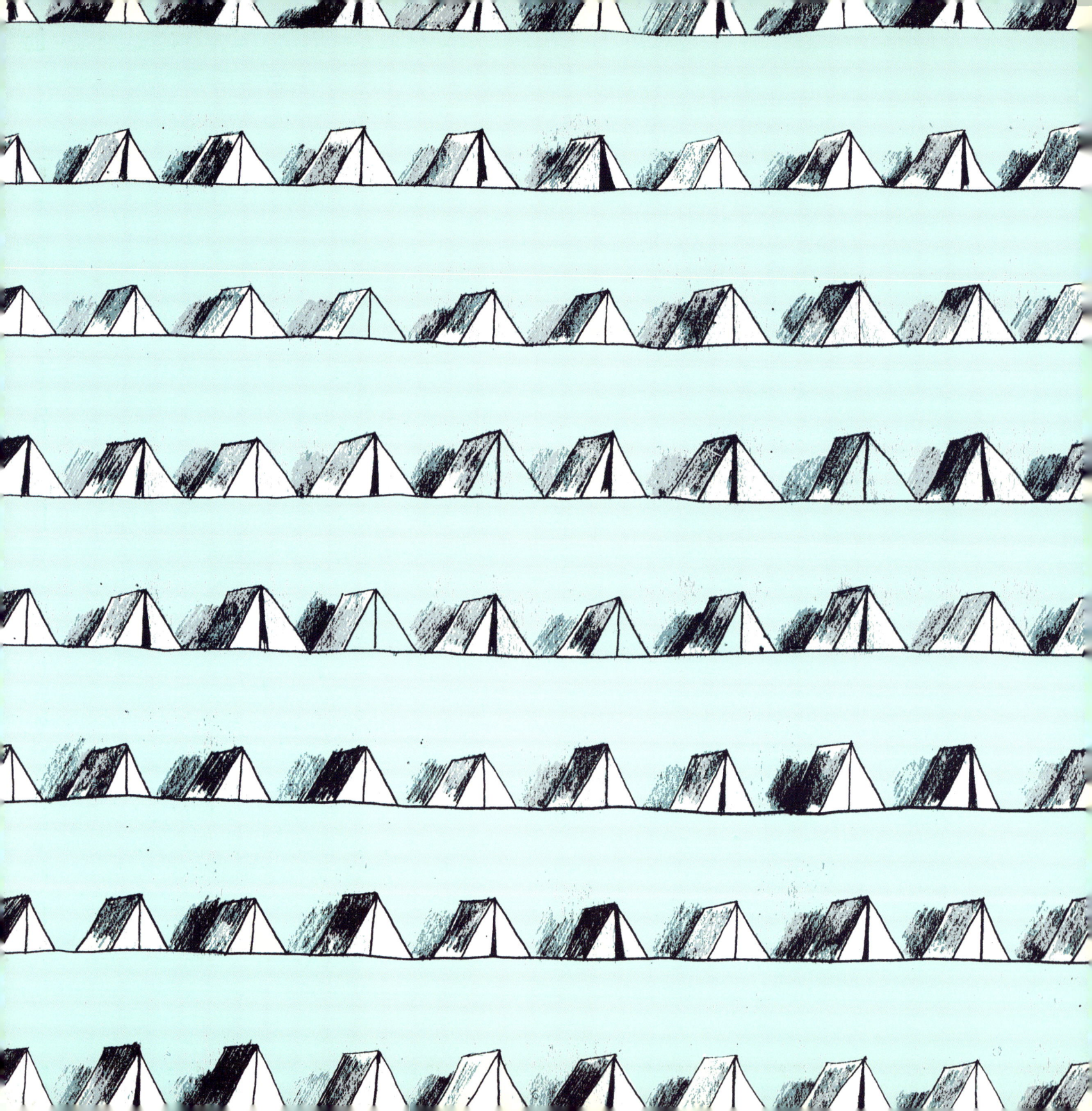